Eva Rüscher · Tolle riesengroße Fensterbilder

EVA RÜSCHER

TOLLE RIESENGROSSE FENSTERBILDER

MIT VORLAGEN IN ORIGINALGRÖSSE

Christophorus-Verlag · Freiburg i. Br.

Inhaltsverzeichnis

Riesengroße Fensterbilder überall

Vor ein paar Wochen mußte ich einen Besuch im Krankenhaus machen. Welch freundliche Begrüßung für Patienten und Besucher bildeten die riesengroßen Fensterbilder auf den Glaswänden der Anmeldung! Aber nicht nur hier, sondern auch in den vielen Krankenzimmern zaubern Fensterbilder eine freundliche Atmosphäre herbei. Die schönsten Blumensträuße müssen aus den Krankenzimmern oft abends verschwinden, Fensterbilder dürfen bleiben!
Auch so manche trockene Behördenstube könnte mit einem Fensterbild freundlicher gestaltet werden.
Nicht wegzudenken sind Fensterbilder in Heimen jeglicher Art. Gerade weil das Herstellungsmaterial preiswert ist, bieten Fensterbilder – auch bei knappem Etat – eine Möglichkeit, die Räume abwechslungsreich zu gestalten.
Eine besondere Bedeutung haben Kindergärten. Das Form- und Farbempfinden unserer Kinder wird hier auf spielerische Weise geschult. Dabei lernen sie auch den Umgang mit dem Werkstoff Papier und die Fertigkeiten mit der Handhabung der Schere. Kleinen Kindern macht das Malen mit Kindermalfarben auf der Fensterscheibe großen Spaß. Lassen wir die Kleinen eine Landschaft malen und diese mit den vielfältigen Tieren aus Papier, die dieses Buch vorstellt, ergänzen. Sind die Kinder größer, ändern wir die Reihenfolge. Um die angeordneten Tiere herum malen größere Kinder gerne die passende Landschaft. Für dieses Zusammenspiel bieten auch die Bücher „Fensterbilder riesengroß“ und „Neue riesengroße Fensterbilder“ viele Anregungen. Beide sind im Christophorus-Verlag erschienen.
Der Eindruck der Klassenzimmer vieler Schulen läßt sich oft nur als trostlos bezeichnen. Die bei Neubauten anzutreffenden rohen Betonwände laden nicht gerade zur Gestaltung ein. Die großen Fenster dienen nicht nur dem Lichteinfall, sondern fordern eine Dekoration geradezu heraus. Ganz besondere Wirkung und Bedeutung haben hier Fensterbilder, wenn die Schüler sie selbst hergestellt haben und ihre Kreativität dabei gefordert und gefördert wird. Das fängt schon bei der freien Farbwahl an. Viele Modelle, z.B. die Blumenrosette, Seite 46, sind auch in anderen Farben denkbar. Noch bestätigender für die Schüler werden die Fensterbilder, wenn es ihnen gelingt, eigene Kompositionen zu verwirklichen. Eine Hilfe dazu können die Teile des Vorlagenbogens sein, die man in anderer Art untereinander kombiniert, erweitert oder mit deren Hilfe man zu ganz neuen Fensterbildern kommen kann. Am Elternabend werden die Kunstwerke der Schüler dann bestaunt werden.
In manchen Gegenden fällt die Gestaltung der Fenster besonders positiv auf. Der Liebhaberkreis von riesengroßen Fensterbildern wird sichtlich größer. Da fällt auf, daß viele Motive schon sehr fein gestaltet werden und den Charakter eines Scherenschnittes haben. Auch diesen Trend greifen einige der Motive dieses Buches auf. Aber auch einfache Formen werden berücksichtigt, damit die

Kinder ebenfalls auf ihre Kosten kommen.
Bei der Erarbeitung der Fensterbilder dieses Buches wird sicher auch der Wunsch entstehen, Änderungen vorzunehmen. Angefangen bei der Farbwahl werden Ihnen auch neue Kombinationsmöglichkeiten einfallen. So nehmen Sie die Modelle, die dieses Buch anbietet, nur als Vorschläge und Anregungen, die Ihnen helfen, Ihre eigenen Vorstellungen und Wünsche zu realisieren. Der eigene Entwurf, die ganz individuelle Gestaltung schenkt Ihnen die größte Freude und Bestätigung! Es ist gar nicht so schwer, wie Sie vermuten. Vielleicht besitzen Sie eine Zeichnung, die Sie besonders schätzen und gerne als Fensterbild umsetzen wollen. Legen Sie über diese Zeichnung Architektenpapier, und zeichnen Sie alle wichtigen Bildteile durch. Lassen Sie unwichtige Kleinigkeiten weg, und suchen Sie die großen, zusammenhängenden Formen. Dabei ist wichtig, daß Personen und Gegenstände möglichst klare Konturen (Umrißlinien) haben. Binnenzeichnungen, z.B. verschränkte Arme bei einer Person, sind im Fensterbild schlecht realisierbar und damit kaum zu erkennen. Vereinfachen Sie die Motivformen großzügig, und reduzieren Sie alles auf das Wesentliche.
Wenn Sie ein Fensterbild aus mehreren Einzelteilen kombinieren, wie etwa die Entenmutter mit Kindern, so sorgen Sie für einen zusammenhängen Rahmen, in diesem Fall die Wiese. Achten Sie auch darauf, die Teile untereinander zu verbinden, das erhöht die Stabilität. Sollten Sie trotzdem das Gefühl haben, Ihr Fensterbild sei zu instabil, so greifen Sie zu einem kleinen Trick, wie Sie ihn bei der Hasenmutter mit Kindern sehen. Der Schmetterling verbindet dort die Bildteile. Um die farbliche Harmonie zu gewährleisten, taucht dann die Farbe des Schmetterlings in den kleinen Farbtupfern der Blüten wieder auf.
Neigen Sie mehr zu Fensterbildern, die den Charakter von Scherenschnitten haben, so müssen Sie nur darauf achten, daß alle Teile miteinander verbunden sind. Als Ideenträger für Fensterbilder eignen sich auch besonders gut Kinderbilder, die in ihrer Gestaltung klar und einfach sind. Selbst die mit Fingerfarben angefertigten Fensterbilder von Kindern lassen sich mit dem Architektenpapier leicht von der Scheibe abnehmen. Besonders schöne Werke können Sie auf diesem Weg – trotz Fensterputzen – erhalten, wenn Sie diese zu einem Fensterbild umarbeiten.
In vielen Gruppen werden mit großer Begeisterung Fensterbilder hergestellt. Sei es in der Volkshochschule, in konfessionellen Frauenkreisen oder Jugendgruppen. Das muß nicht nur zu den besonders aktiven Zeiten – Weihnachten und Ostern – sein. Anlässe und Möglichkeiten gibt es während des ganzen Jahres genug. So können z.B. die Fenster des Gemeindehauses geschmückt werden, um schon von außen den Anlaß zu signalisieren, zu dem man sich dort trifft. Das kann die Karnevalsfeier sein, zu der schon von weitem lustig bunte Clowns einladen. Der Tanz in den Mai könnte von einem Zyklus Frühlingsblumen, bunter Bänder, Maibaum und tanzender Menschen begleitet werden. Der Sommer bietet vielerlei Motive. Angefangen vom Strandleben mit Sonnenschirm und Segelboot bis zum Aufbruch in die Ferien auf Schusters Rappen, mit dem Auto, Bahn oder Flugzeug. Für

den Herbst können wir Blätter in den schönsten Herbstfarben auf die Fenster bringen. Und wenn uns mal wieder kein weißer Winter beschieden ist, dann zaubern wir ihn mit eigenen Schneemännern und schlittenfahrenden Kindern auf die Fensterscheiben. So kann auch der einfachste Jugendgruppenraum eine freundliche, persönliche Atmosphäre bekommen. Nicht zu vergessen sind auch die Basare vielfältigster Art, deren Einnahmen immer einem guten Zweck dienen. Da das Material Papier sehr kostengünstig ist, haben sich Fensterbilder jeder Art und Größe zum regelrechten Renner entwickelt. Ob Sie für den guten Zweck arbeiten, Freunde damit erfreuen oder Ihre eigenen Fenster schmücken, zu allem wünsche ich Ihnen viel Freude und gutes Gelingen.

Ihre

Eva Rüscher

Das Material

Kaum ein Werkstoff steht uns in so vielfältiger Art zur Verfügung wie das Papier. Denken Sie an die verschiedenen Stärken vom Seidenpapier bis zum Fotokarton. Beeindruckend ist auch die Farbpalette sowie die Oberflächenbeschaffenheit von glatt bis strukturiert.
Für die Motive dieses Buches benötigen Sie Tonpapier und Tonkarton, sie unterscheiden sich in der Stärke. Tonpapier bekommen Sie im Handel von 100g/qm bis 180g/qm. Tonkarton gibt es zwischen 200g/qm und 300g/qm. Tonpapier und Tonkarton sind in der Papiermasse gefärbte Papiere, die deshalb auch an den Schnittkanten farbig sind.

Nicht so das Regenbogenbuntpapier, es ist ein einseitig bedrucktes Buntpapier mit fließendem Farbverlauf, dessen Schnittkanten weiß sind. Die Arbeit mit diesem Papier erfordert viel Genauigkeit, damit Sie sich im fertigen Fensterbild nicht über ungewollte weiße Ränder ärgern müssen. Regenbogenbuntpapier können Sie in Mappen mit 10 Blättern (23 x 33 cm) oder auf Rollen im Fachhandel kaufen.
Altbekannt ist Ihnen sicher das Goldpapier, ein von beiden Seiten mit dünner Alufolie kaschiertes (beklebtes) Papier. Seit kurzem gibt es auch Alukarton, der mit 250g/qm sehr schwer und stabil ist.

Noch nicht sehr lange im Handel ist irisierender Lackkarton, den Sie seiner Auffälligkeit wegen allerdings sparsam – sozusagen als Tüpfelchen auf dem i –, verwenden sollten.
Belasten Sie Ihren Materialeinkauf in bezug auf die Farben nicht mit allzu festen Vorstellungen. Ähnlich wie bei der Wollfärbung kann sich auch der Farbton bei der Papier-Neuherstellung ändern. Betrachten Sie dies nicht als Nachteil, sondern erweitern Sie damit die Möglichkeiten Ihrer eigenen Farbpalette. Auch kann die Farbwiedergabe im Buch durch das Licht beim Fotografieren oder aus drucktechnischen Gründen beeinflußt sein.
Lagern Sie Ihr Papier dunkel – was Ihr Händler hoffentlich auch tut –, denn der Lichteinfall verändert den Farbton. Sie merken es an Fensterbildern, die längere Zeit dem Sonnenlicht ausgesetzt waren. Wirklich lichtechte Papiere gibt es noch nicht, obwohl es schon gelungen ist, Material herzustellen, das dem Ausbleichen durch Sonnenlicht länger und besser standhält als die herkömmlichen Papiere. Der Fachhandel wird Sie darüber beraten.
Das Format von Tonpapier und Tonkarton beträgt 50 x 70 cm. Zunehmend sind aber auch die Übergrößen 70 x 100 cm in Farbe zu bekommen. Ohne Schwierigkeiten können Sie aber auch zwei normal große Bögen zusammenkleben, wenn das Fensterbild größere Ausmaße hat.
Transportieren und lagern Sie die gekauften Papiere nach Möglichkeit nie gerollt, sondern in großen Tüten oder in Mappen aus Pappe.

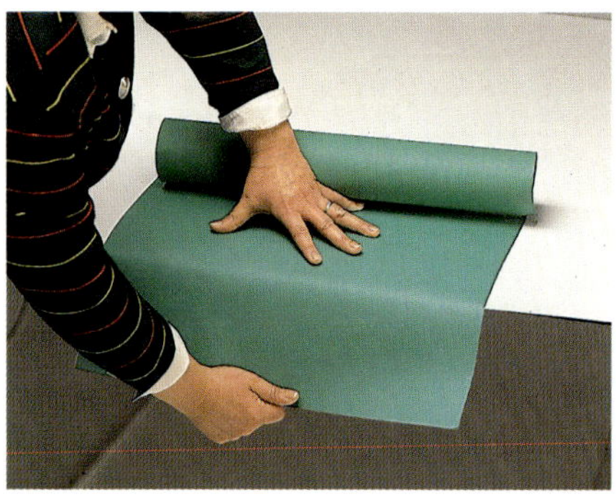

Sollten Sie trotzdem einmal ein gerolltes Papier glätten wollen, so verfahren Sie, wie auf der Abbildung links ersichtlich. Ziehen Sie das Papier langsam und gleichmäßig – nicht ruckartig – gegen die gerollte Richtung über eine Tischkante. Arbeiten Sie dabei vorsichtig, mit viel Gefühl, damit Sie keine Falten in den Bogen ziehen oder gar das Papier zerreißen.

Ausführung

Übertragen der Motive
(Beispiel Frösche, Abb. Seite 15)

Auf den Vorlagenbögen und im Buch selber finden Sie Vorlagen in Originalgröße für die Motive.
Zum Übertragen auf Tonkarton und -papier hat sich Kopierpapier für Schneider gut bewährt. In der im Fachhandel erhältlichen Packung finden Sie einen gelben und einen weißen Bogen in den Maßen 83 x 57 cm. Das erspart Ihnen das Zusammenstückeln des Kohlepapiers, das außerdem schwarze oder blaue, leicht verschmierende Linien hinterläßt, die kaum noch zu entfernen sind.
Legen Sie das Kopierpapier mit der beschichteten Seite auf den Fotokarton. Darauf legen Sie den Teil des Vorlagenbogens, den Sie benötigen. Damit Ihnen beim Durchziehen nichts verrutscht, befestigen Sie die Teile mit einem Stück Klebefilm oder Büroklammern. Zeichnen Sie nun mit einem harten Bleistift oder Kugelschreiber das Muster nach. Wie auf der Abbildung rechts zu sehen, haben Sie nun das Motiv übertragen.
Für das Übertragen der Vorlagen aus dem Buch schlage ich Ihnen vor, stabile Klarsichtfolie zu nehmen, die man von Verpackungen sammeln oder als Einsteckhüllen im Fachhandel erwerben kann. Legen Sie diese Folie auf die Vorlage im Buch und zeichnen Sie dieselbe mit einem wasserfesten Folienstift nach. Schneiden Sie die Form nun aus der Folie aus, dann haben Sie zum einen eine immer wieder verwertbare Schablone, zum anderen ein unbeschädigtes Buch!

Da Sie die Pauslinien des Kopierpapiers nicht radieren können, diese also immer exakt weggeschnitten werden müssen, möchte ich Ihnen noch eine weitere Möglichkeit der Übertragung vorstellen. Legen Sie Seidenpapier (aus dem Textilfachhandel) auf den Vorlagenbogen und zeichnen Sie das Motiv durch. Auf der Rückseite legen Sie mit einem sehr weichen Bleistift (4B) enge Schraffuren über die Zeichnungslinien. Nun legen Sie die Transparentzeichnung mit der Schraffurseite auf den Tonkarton, befestigen den Rand mit Klebefilmstreifen und fahren die Zeichnung noch einmal nach. So bilden sich die Linien auf dem Tonkarton ab. Dieses Verfahren ist etwas umständlicher, Sie können jedoch die Seidenpapierzeichnung mehrfach verwenden und erhalten damit Ihren Vorlagenbogen in einem besseren Zustand. Außerdem können Sie Reste der Linien, die beim Schneiden stehengeblieben sind, leicht wegradieren.

Das Schneiden

Bis auf wenige Ausnahmen können Sie die in diesem Buch vorgestellten Motive mit dem Papierschneidemesser (Cutter) ausschneiden. Im Handel gibt es eine Vielzahl von Modellen. Dabei muß der teuerste Cutter nicht unbedingt der beste sein. Wichtig ist die Handhabung und die Funktionstüchtigkeit. Bitten Sie deshalb beim Kauf um ein Stück Karton und probieren Sie die Lage des Cutters in Ihrer Hand aus. Halten Sie den Cutter wie einen Kugelschreiber, um auch bei größerem Druck exakte Schnittführung zu gewährleisten.

Achtung: Für Kinderhände ist der Cutter nicht geeignet wegen Verletzungsgefahr!

Schneiden Sie immer nur auf einer stabilen Unterlage. Am leichtesten zu beschaffen sind feste Graupappen, wie Rückseiten von Zeichenblöcken oder Kalendern. Wechseln Sie die Unterlage, wenn sie zu sehr zerschnitten ist, sonst werden die Schnitte Ihres Werkstückes unsauber.
Bewährt haben sich als Schneideunterlagen auch Linolplatten oder sogenannte Schneidewiesen (Cutmat), die im Fachhandel erhältlich sind, allerdings auch ihren Preis haben. Einschnitte schließen sich in diesem Material wieder. Keilschnitte hinterlassen jedoch störende Einkerbungen.
Sorgen Sie auch immer für eine scharfe Schneidefläche am Cutter. Dafür müssen Sie ab und zu ein Klingenteil abbrechen. Nehmen Sie dazu die in vielen Cuttern integrierte Haltevorrichtung oder eine Flachzange. Halten Sie den Cutter während des Abbrechens weit von sich, um Verletzungsgefahr durch die springende Klinge zu vermeiden. Lassen Sie diesen Vorgang vorsichtshalber nie von Kindern ausführen!
Wenn Sie die riesengroßen Fensterbilder schneiden, sorgen Sie für eine genügend große Arbeitsfläche. Schneiden Sie zuerst die Form im Groben aus (Abbildung links), das verringert schon einmal den Umfang. Drehen Sie beim Schneiden das Werkstück mit der Unterlage immer in die gewünschte Schneiderichtung, so

wie Sie es auf den nebenstehenden Abbildungen sehen.
Für kleinere Teile legen Sie sich eine handliche Schere zurecht. Günstig ist eine Stickschere von ca. 14 cm Länge. Auch eine Nagelschere läßt sich für sehr enge Rundungen gut einsetzen.
Beim Schneiden drehen Sie das zu schneidende Stück langsam in die weit geöffnete, sich langsam schließende Schere. Das ergibt saubere Schnittkanten und hilft Ihnen bei der Herstellung der vielen Kreise, die Sie beim Seifenblasenclown (Abbildung Seite 45) benötigen.
Auf der Abbildung rechts unten sehen Sie den Frosch, der gleich doppelt aus gefaltetem Tonpapier geschnitten wird. Dabei schneiden Sie den Teil des Frosches an der Faltkante des Papiers zuletzt, da diese Ihnen Ihre beiden Werkstücke zusammenhält. Haben Sie die Teile ausgeschnitten, markieren Sie *vor* dem Auseinandernehmen die beiden Flächen mit einem feinen Bleistift. Diese markierten Flächen werden dann im Fensterbild aufeinandergeklebt. So haben Sie die beim Schneiden eventuell stehengebliebene Bleistiftlinie innen liegend und kommen nie in die Versuchung, die falsche Seite mit Klebstoff einzustreichen.

Das Kleben

Auf der Abbildung unten sehen Sie, daß beim Kleben vorsichtig an einer Stelle begonnen wird, während der Rest der Form noch auf Abstand gehalten wird. Benutzen Sie den Klebstoff sparsam und nicht unmittelbar am Rand. Bewährt hat sich UHU flinke flasche, weil mit ihr zielgerichtetes und punktuelles Kleben möglich ist. Die in diesem Buch abgebildeten Modelle sind mit UHU flinke flasche geklebt worden. Wenn Sie relativ dünnes, weißes Tonpapier verarbeiten (z.B. beim Nikolaus, Abbildung Seite 55), sollten Sie zum Kleben einen Klebestift, z.B. UHU stic, benutzen, da flüssiger Klebstoff hier leicht fleckig durchschlagen kann.
Im folgenden wird nur noch von Klebstoff oder Klebestift die Rede sein.

Das Befestigen am Fenster

Einige der riesengroßen Fensterbilder sind in sich so stabil, daß sie an einem Faden aufgehängt werden können (z.B. Giraffen, Nikolaus). Nehmen Sie dazu einen doppelten Nähgarnfaden – farblich passend –, den Sie mit Klebefilm am Fenster oder am Rahmen befestigen. Die anderen riesengroßen Fensterbilder befestigen Sie mit durchsichtigem Klebefilm direkt auf der Fensterscheibe. Dabei müssen Sie alle Teile, die hervorklappen oder durchhängen können, befestigen. Soll die Klebestelle fast unsichtbar sein, drehen Sie aus dem Klebefilm kleine Röllchen – Klebefläche außen –, die Sie an allen notwendigen Stellen auf die Fensterseite des Werkstückes heften. Im Fachhandel ist der durchsichtige Klebefilm auch beidseitig klebend erhältlich, das erspart Ihnen das Röllchendrehen.
Der Klebefilm kann sich durch starke Sonneneinstrahlung recht fest mit dem Glas verbinden. Wenn Sie einige Tropfen Pinselreiniger auf ein Tuch geben und kräftig reiben, lassen sich auch die letzten Reste des Klebefilms von der Scheibe lösen. Aber durch jahreszeitlich bedingten Wechsel der Motive dürfte das kein Problem sein.

Tiere

Frösche

Abb. Seite 15
Motiv A

Material
1 Bogen Tonkarton in Dunkelgrün, Tonpapier in zwei helleren Grüntönen, irisierende Lackkarton, Reste von weißem und schwarzem Papier

Werkzeug und Hilfsmittel
Cutter, Unterlage, Schere, Bürolocher, Klebstoff

Ausführung
Schneiden Sie die Seerosenblätter einmal aus dunkelgrünem Tonkarton aus. Die Frösche schneiden Sie jeweils doppelt aus Tonpapier aus und kleben die zusammengehörenden Teile gegeneinander an die vorgesehenen Stellen auf den Seerosenblättern. Für die Augen schneiden Sie weiße Kreise in der entsprechenden Größe aus und kleben diese auf. Für die Pupillen stanzen Sie mit dem Locher je einen Kreis aus. Plazieren Sie diese auf die weißen Augen.
Die Vorlage in Originalgröße für die Seerose finden Sie auf der folgenden Seite.
Die Seerosen schneiden Sie aus doppelt gelegtem Lackkarton. Schneiden Sie dabei zuerst die kleinen Innenformen, dann erst die Außenkante. Kleben Sie die zusammengehörenden Teile an die entsprechenden Stellen.

Seehundmutter und Kind

Motiv B

Material
1 Bogen Tonkarton in Grau, Tonpapier in Schwarz, Weiß und Blau

Werkzeug und Hilfsmittel
Cutter, Unterlage, Schere, schwarzer Filzstift, weißer Farbstift, Klebstoff

Ausführung
Schneiden Sie den Fels einmal aus grauem Tonkarton. Die Seehunde schneiden Sie aus doppelt gelegtem Tonpapier in entsprechender Farbe und kleben sie auf den Felsen.
Das Wasser schneiden Sie aus doppelt gelegtem Tonpapier. Dabei legen Sie die leicht geschweifte Unterseite der Wellen an die Faltkante, die wellenförmige Oberseite zur Öffnung des gefalteten blauen Tonpapierstreifens. Vielleicht schneiden Sie die Wellen lieber mit der Schere. Auf jeden Fall sollten Sie die Unterseite als letztes schneiden. Kleben Sie die beiden Wasserteile deckungsgleich auf Vorder- und Rückseite an den Fels.
Zeichnen Sie den Seehunden mit einem schwarzen Filzstift bzw. einem weißen Farbstift Augen, Nase und Speckfalten ein, die Sie zuerst mit Bleistift vorgezeichnet haben.

Delphinmütter und Kinder

Abb. Seite 21
Motiv C

Material
1 Bogen Tonkarton in Blau, Tonpapier in Schwarz und Weiß

Werkzeug und Hilfsmittel
Cutter, Unterlage, Schere, weißer Farbstift, Klebestift

Ausführung
Zeichnen Sie die Fische 1, 2 und 3 vom Vorlagenbogen auf doppelt gelegtes Tonpapier, und schneiden Sie die Teile aus. Auch das Kind 2 schneiden Sie einmal doppelt, das Kind 1 schneiden Sie dreimal doppelt aus. Für Kind 2 schneiden Sie für beide Hälften einen schmalen weißen Bauchstreifen, damit es sich von der Form der Mutter abhebt.
Nachdem Sie die schwarzen und weißen, zusammengehörenden Delphinteile aufgeklebt und die Augen und Münder mit einem weißen Farbstift eingezeichnet haben, nehmen Sie die Hälfte dieser „einseitigen" Fische und arrangieren diese nach Ihrem Geschmack auf einem Bogen Tonkarton (siehe Abbildung unten).
Kleben Sie die Fische in der gewünschten Anordnung auf. Da-

mit Ihnen dabei nichts verrutscht, streichen Sie zuerst eine Hälfte des Fisches mit Klebstoff ein, während Sie die andere auf dem Tonkarton festhalten (Abbildung unten). Zwischen den Fischen können Sie nun Wellen aufzeichnen, die mit dem Cutter ausgeschnitten werden. Drehen Sie den Tonkarton um, und ordnen Sie die zweiten Fischhälften in den Zwischenräumen der Wellen an (siehe Abbildung unten). Sollten Sie ein besonders lichtdurchlässiges Material vorliegen haben, hängen Sie den Karton ans Fenster und ordnen die zweiten Fischhälften bei Lichtdurchfall an, damit die Teile wirklich deckungsgleich aufeinanderliegen.

Wie Sie auf der Abbildung unten sehen können, ergeben auch die ausgeschnittenen Wellen zusammen mit den Fischen ein interessantes, frei auf die Scheibe komponiertes Fensterbild.

2

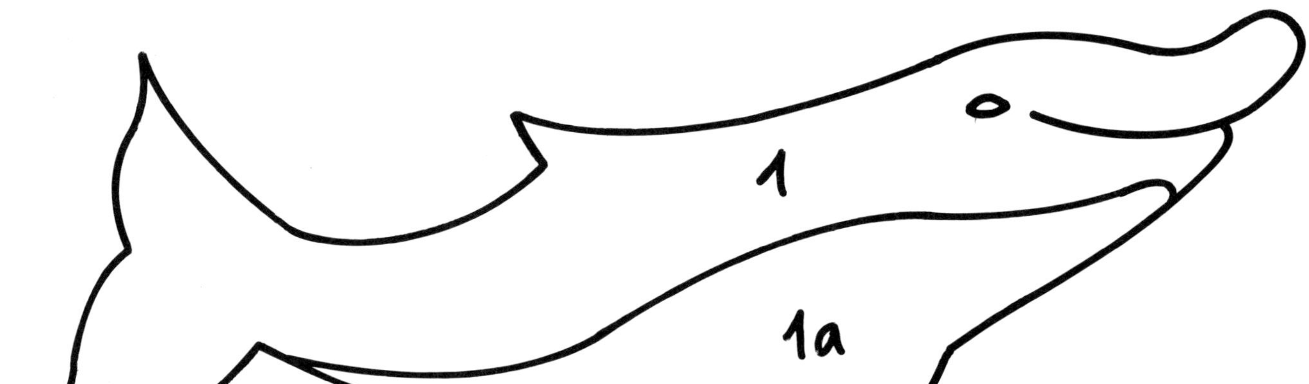
1
1a

Hasenmutter und Kinder

Motiv D, Wiese siehe Motiv E

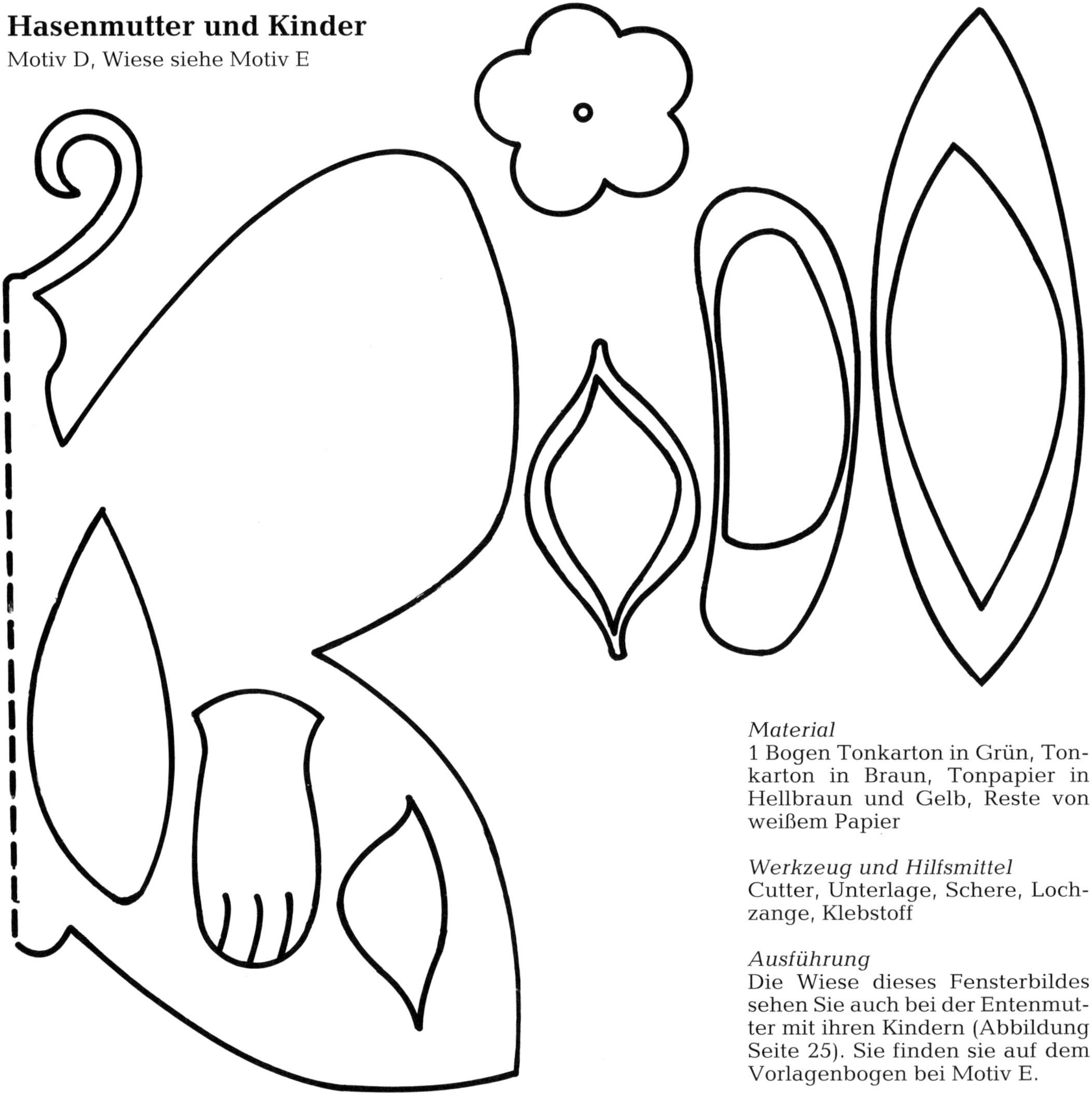

Material
1 Bogen Tonkarton in Grün, Tonkarton in Braun, Tonpapier in Hellbraun und Gelb, Reste von weißem Papier

Werkzeug und Hilfsmittel
Cutter, Unterlage, Schere, Lochzange, Klebstoff

Ausführung
Die Wiese dieses Fensterbildes sehen Sie auch bei der Entenmutter mit ihren Kindern (Abbildung Seite 25). Sie finden sie auf dem Vorlagenbogen bei Motiv E.

Schneiden Sie die Wiese doppelt aus Tonkarton. Legen Sie dabei die relativ gerade Unterkante der Wiese an die Faltkante des Tonkartons, und schneiden Sie diese Linie zuletzt. Das erleichtert Ihnen die Arbeit, den Tonkarton gleich doppelt zu schneiden.
Kleben Sie der einmal aus Tonkarton ausgeschnittenen Hasenmutter beidseitig das Schwänzchen auf. Befestigen Sie die Häsin zwischen den Wiesenteilen. Kleben Sie die mittleren langen Gräser noch nicht zusammen.
Den stehenden Hasen, den Sie doppelt aus Tonpapier geschnitten haben, kleben Sie nun beidseitig auf die Wiese, wobei Sie einen der langen Grashalme in der Mitte auf dem Hasen festkleben. Kleben Sie diesem Hasen das Pfötchen nur an der Oberkante an, das erhöht die plastische Wirkung.
Den kleinen, geduckten Hasen, den Sie ebenfalls doppelt aus Tonpapier geschnitten haben, kleben Sie beidseitig vor die Mutter. Auch dieser erhält beidseitig ein Schwänzchen. Vervollständigen Sie die Hasen nun mit Augen und Ohren.
Schneiden Sie den Schmetterling aus, und kleben Sie ihn so ein, daß die Hasen miteinander verbunden sind, das stabilisiert Ihr Fensterbild.
Die Wiese können Sie mit einigen Blüten dekorieren, deren Mitte am besten mit der Lochzange anzufertigen ist.

Entenmutter und Kinder

Motiv E

Material
1 Bogen Tonkarton in Grün, Tonkarton in Weiß, Tonpapier in verschiedenen Gelbtönen

Werkzeug und Hilfsmittel
Cutter, Unterlage, Schere, schwarzer Filzstift, Klebstoff

Ausführung
Die Herstellung der Wiese können Sie ausführlich bei der Hasenmutter (Seite 22/23) nachlesen.
Schneiden Sie die Mutter und das sich anschmiegende Küken aus weißem Tonkarton. Bekleben Sie nun dieses kleine Küken beidseitig mit gelbem Tonpapier. Der Mutter kleben Sie beidseitig einen gelben Schnabel an und ergänzen die Kopflinien nach dem Muster im Vorlagenbogen, zuerst mit Bleistift, dann mit schwarzem Filzstift. Kleben Sie diese beiden Tiere nun zwischen die beiden Wiesenteile, ohne die langen Gräser zusammenzukleben.
Kleben Sie das gelbe und das hellgelbe Küken beidseitig auf die Wiese und wiederum so in- bzw. aufeinander, wie Sie es aus der Abbildung ersehen können. Nun kleben Sie einen Teil der Grashalme auf den Küken fest.
Zeichnen Sie die Augen und Schnäbel mit Filzstift ein. Halten Sie dabei das Fensterbild gegen das Licht, damit die Teile wirklich deckungsgleich aufgezeichnet werden, da heller Karton das Licht durchläßt.

Igelmutter und Kinder

Motiv F

Material
1 Bogen Tonkarton in Dunkelbraun, Tonpapier in Hellbraun, Rot und Grün

Werkzeug und Hilfsmittel
Cutter, Unterlage, kleine Schere, schwarzer Filzstift, Klebstoff

Ausführung
Schneiden Sie den Rahmen mit Igeln und Blätterranken einmal aus Tonkarton aus. Die Igel-Grundformen schneiden Sie dabei ohne Stacheln aus, die helleren Besatzteile mit Stacheln, jedoch ohne Füße (siehe dickere Strichführung). Die Grundformen können Sie mit dem Cutter ausschneiden.
Die hellbraunen Besatzteile schneiden Sie aus doppelt gelegtem Tonpapier, und kleben Sie sie auf die zugehörige Igelform (bitte Numerierung beachten). Malen Sie den Igeln noch Augen und Nasen mit einem Filzstift an. Den Apfel arbeiten Sie in bezug auf den Besatz genauso.
Für die Blätter schneiden Sie sich einen Vorrat grüner Innenformen – ebenfalls doppelt – und kleben diese nach Belieben auf.
Sie können dieses Fensterbild auch einfarbig schneiden. Dazu übernehmen Sie die Form aus dem Vorlagenbogen mit den Stacheln und fügen nur noch die Augen und Nasen ein.
Wenn ein ganzes Igelfries gestaltet werden soll, lösen Sie die Einzelformen aus dem Fensterbild, und ordnen Sie die Igel einzeln in gewünschter Anzahl an.

Elefantenmutter und Kind

Motiv G

Material
2 Bogen Tonpapier in Grau, Rest Tonpapier in Braungrau, Rosa, Rot, Schwarz, Beige und Weiß, Rest Tonkarton in Grün und Braun

Werkzeug und Hilfsmittel
Cutter, Unterlage, kleine Schere, schwarzer Filzstift, Klebstoff, Bürolochter, Hefter

Ausführung
Klammern Sie die zwei Bögen Tonkarton mit Hilfe des Hefters zusammen. Übertragen Sie darauf die Elefantenmutter, und schneiden Sie sie mit dem Cutter aus. Die Wiese schneiden Sie aus einem Rest Tonkarton und kleben die Elefantenteile deckungsgleich auf. Kleben Sie dabei die Rüsselenden nicht fest. Das Elefantenkind schneiden Sie aus doppelt gelegtem Tonpapier, das im Farbton von der Mutter abweicht. Kleben Sie die Teile des Elefantenkindes deckungsgleich vor die Mutter auf die Wiese. Die noch fehlenden kleinen Teile schneiden Sie alle mit der Schere aus doppelt gelegtem Tonpapier aus, und befestigen Sie diese an den vorgesehenen Stellen. Eine Ausnahme bildet der Baumstamm. Er wird einmal aus Tonkarton geschnitten und dem Elefanten so in den Rüssel geschoben, daß er der Maus noch genügend Platz bietet. Kleben Sie die noch losen Rüsselenden auf dem Baumstamm fest.

Die Augen und das Blumeninnere fertigen Sie mit Locherpunkten an. Malen Sie die Zehen vorsichtshalber erst mit dem Bleistift vor, und ziehen Sie die Linien mit einem schwarzen Filzstift nach.

Wenn Sie die Ohren nicht flächig festkleben, sondern nur an der Vorderseite befestigen, können Sie die Ohren leicht abbiegen. Das verstärkt die plastische Wirkung.

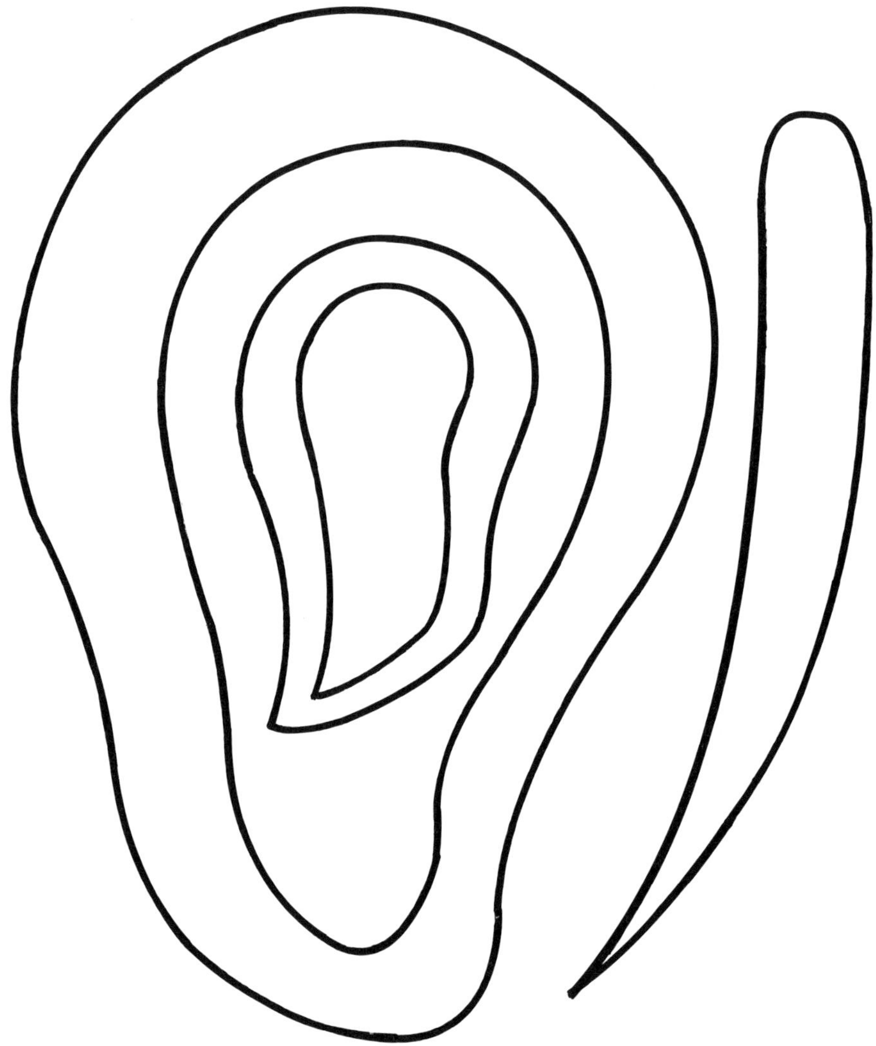

HINTERFUSS
VORDERFUSS
HINTERFUSS
VORDERFUSS

RÜSSEL-
INNERES
AUGEN

Elefantenherde

Motiv H

Material
1 Bogen Tonkarton in Grün, 2 Bogen Tonpapier in Grau

Werkzeug und Hilfsmittel
Cutter, Unterlage, Hefter (Büroklammern), schwarzer Filzstift, Klebstoff

Ausführung
Schneiden Sie die Landschaft mit den Bäumen einmal aus grünem Tonkarton aus.
Die zusammenhängende Elefantenherde wird aus doppelt gelegtem Tonpapier geschnitten. Heften Sie dazu zwei Tonpapierbögen zusammen. Die Elefantenherde schneiden Sie zuerst im Innenbereich, zum Schluß erst die Umrißlinie, damit Ihnen beim Schneiden nichts verrutscht. Die Elefantenherde wird nun von vorne und hinten deckungsgleich auf die Landschaft geklebt.
Mit einem schwarzen Filzstift zeichnen Sie Augen und Ohren, wie aus dem Vorlagenbogen ersichtlich, ein. Zeichnen Sie dabei erst die Linien mit Bleistift vor, anschließend ziehen Sie diese mit schwarzem Filzstift nach.

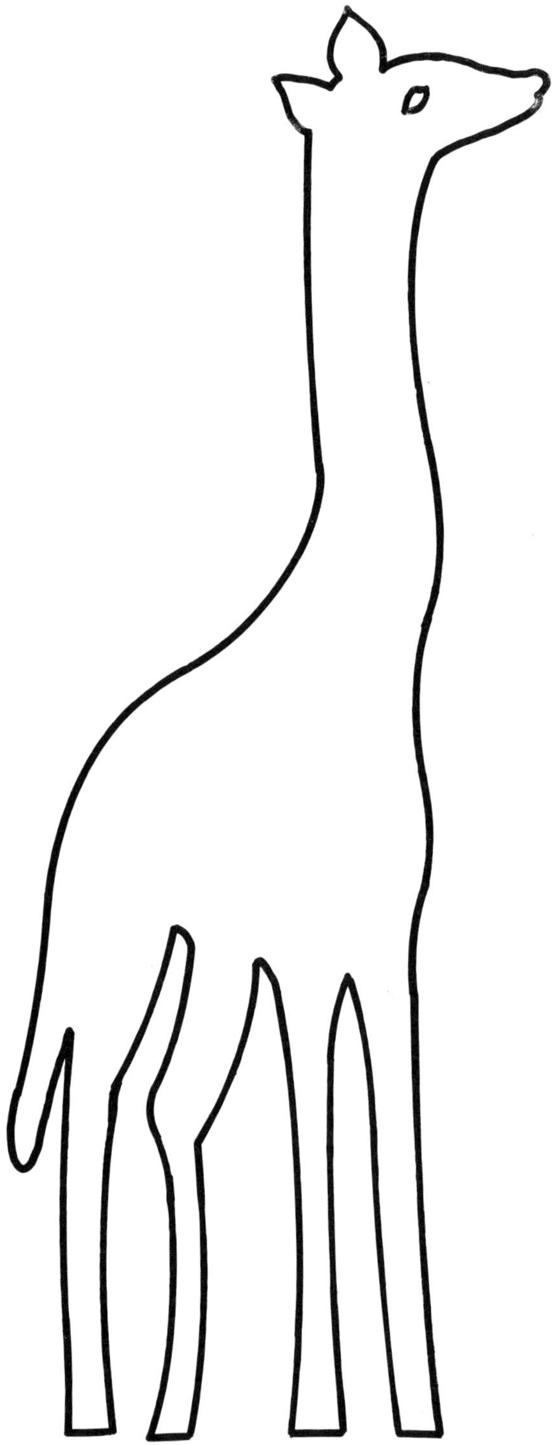

Giraffenfamilie

Motiv J

Material
1 Bogen Tonkarton in Braun, 1 Bogen Tonpapier in Beige oder Hellbraun, 1 Bogen Tonpapier in Grün

Werkzeug und Hilsmittel
Cutter, Unterlage, Schere, schwarzer Filzstift, Klebstoff

Ausführung
Schneiden Sie den Baum mit der Basis einmal aus dunkelbraunem Tonkarton. Wiese und Blattwerk werden aus doppelt gelegtem Tonpapier geschnitten, ebenso die Giraffen.
Kleben Sie nun die Blattwerkteile nach der angegebenen Numerierung sich deckend auf die Äste. Befestigen Sie als nächstes die Giraffen so, daß sie mit den Blättern und der Basis Kontakt haben. Über die Basis kleben Sie beidseitig deckungsgleich die Wiesenteile. Zeichen Sie Augen, Nasen und Ohren nach der Zeichnung im Vorlagenbogen ein.

Vogelmutter am Nest

Motiv K

Material
2 Bögen Tonkarton in Braun, Tonpapier in Hellbraun, Grün, Gelb,

Werkzeug und Hilfsmittel
Cutter, Unterlage, Schere, Bürolocher, Hefter, Klebstoff

Ausführung
Schneiden Sie die Äste aus doppelt gelegtem Tonkarton. Heften Sie dazu die beiden Tonkartonbögen an mehreren Stellen zusammen. Sollten Sie keinen Hefter haben, helfen Sie sich mit Büroklammern. Der doppelt gelegte Tonkarton ist nicht einfach zu schneiden, sorgen Sie deshalb für eine scharfe Cutterklinge.
Kleben Sie nun in den ersten der beiden ausgeschnittenen Äste die erste Nesthälfte, die Sie aus doppelt gelegtem Tonpapier geschnitten haben.
Kind 1 und 2 werden doppelseitig in die Nesthälfte geklebt, wobei Kind 1 an Kind 2 befestigt ist und Sie den Schwanz von Kind 2 noch nicht zusammenkleben. Die Vogelmutter wird ebenfalls doppelt ausgeschnitten.
Kleben Sie nun die zweite Nesthälfte auf die erste und den zweiten Ast auf den ersten. Nun kann der Schwanz von Kind 2 von beiden Seiten den Ast umschließen.
Kleben Sie die zwei Teile von Kind 3 gegeneinander auf den unteren Ast, nicht zu weit ans Ende, damit ein Blatt es mit dem Ast verbinden kann.
Auch die doppelt ausgeschnittene Mutter wird beidseitig auf den mittleren Ast geklebt. Vergessen Sie nicht die Würmer zwischen den Schnabelhälften!
Schneiden Sie sich einen Vorrat von doppelt gelegten Blättern aus Tonpapier, mit denen Sie das Fensterbild dekorieren und vor allen Dingen stabilisieren, indem Sie die einzelnen Teile miteinander verbinden.
Kleben Sie nun die Schnäbel aus doppelt geschnittenem Tonpapier deckungsgleich auf, und markieren Sie die Augen mit Locherpunkten.

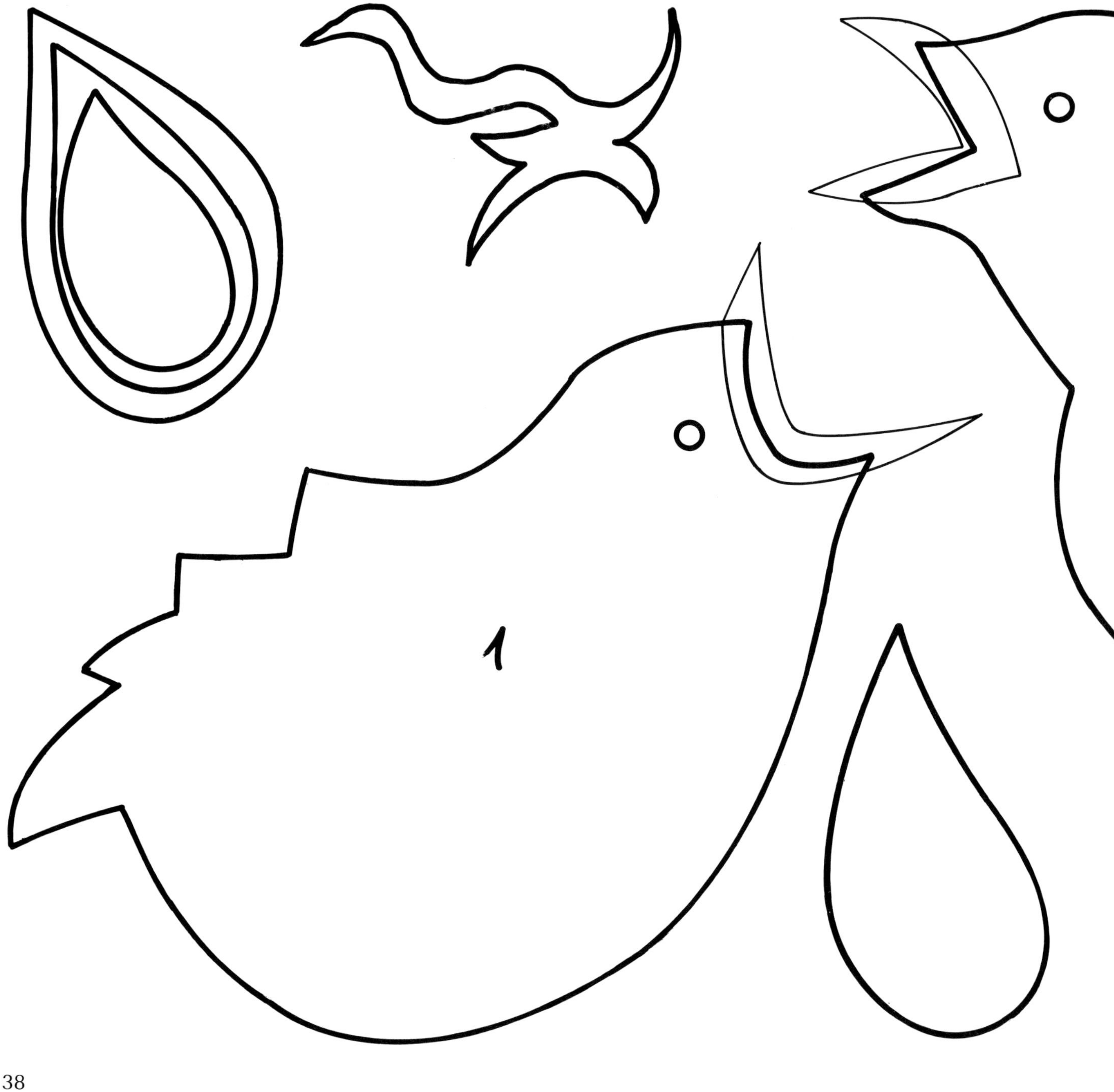
1

2
3

Panda im Bambuswald

Motiv L

Material
1 Bogen Tonkarton, Farbe nach Wahl

Werkzeug und Hilfsmittel
Cutter, Unterlage

Ausführung
Dieses Fensterbild wurde chinesischen Scherenschnitten nachempfunden. Die Anordnung in der Kreisform wirkt im Fenster besonders attraktiv.
Achten Sie beim Übertragen der Vorlage darauf, daß Sie wirklich alle Blätter und deren Innenschnitte durchzeichnen. Sämtliche Formen sind ohne große Schwierigkeiten mit dem Cutter zu schneiden.

Menschen

Blumenkind

Moitv M

Material
1 Bogen Tonkarton, Farbe nach Wahl

Werkzeug und Hilfsmittel
Cutter, Unterlage

Ausführung
Übertragen Sie das Motiv vom Vorlagenbogen auf den Tonkarton. Schneiden Sie zuerst die Umrißlinie, dann die Innenform. Dabei beginnen Sie mit den kleinsten Teilen und schließen die großen Formen an, um möglichst viel Stabilität während des Schneidevorgangs zu erhalten.
Sie können das Fensterbild ohne Schwierigkeiten mit dem Cutter schneiden.

Seifenblasenclown

Motiv N

Material
1 Bogen Tonkarton, Farbe nach Wahl, Regenbogenbuntpapier

Werkzeug und Hilfsmittel
Cutter, Unterlage, Schere, Lineal, Zirkel, Klebstoff

Ausführung
Übertragen Sie die Grundform des Seifenblasenclowns vom Vorlagenbogen auf den farbigen Tonkarton. Bitte geben Sie auf jeder Seite des Motivs noch 3 cm als Rand zu. Schneiden Sie diese Grundform mit dem Cutter aus.
Auf doppelt gelegtes Regenbogenbuntpapier, die farbige Seite innen, zeichnen Sie mit Hilfe des Zirkels Kreise mit folgenden Radien (halber Durchmesser):

2,7 cm 2 x
3,4 cm 3 x
4,4 cm 1 x
5,3 cm 1 x
5,8 cm 1 x
6,0 cm 1 x
7,5 cm 2 x
9,0 cm 1 x

Schneiden Sie diese Kreise mit der Schere aus, indem Sie die Kreisformen in die geöffnete, sich langsam schließende Schere hineindrehen. So erhalten Sie „eckenfreie" Rundungen. Kleben Sie die zueinandergehörenden Kreise sich deckend auf die entsprechende Grundform.

Pflanzen

Blumenrosette

Motiv O

Material
1 Bogen Tonkarton, Farbe nach Wahl

Werkzeug und Hilfsmittel
Cutter, Unterlage, kleine Schere

Ausführung
Beim Übertragen des Motives vom Vorlagenbogen sollten Sie darauf achten, keine der vielen Einzelteile zu vergessen.
Schneiden Sie zuerst die Umrißlinie. Die meisten Flächen lassen sich gut mit dem Cutter schneiden. Für die kleineren Rundungen der Staubgefäße nehmen Sie besser eine kleine Schere, da der Cutter bei sehr engen Rundungen das Papier nicht mehr schneidet, sondern zusammenschiebt.

Schotenfrucht

Motiv P

Material
1/2 Bogen Tonkarton in Grün

Werkzeug und Hilfsmittel
Cutter, Unterlage

Ausführung
Wie wäre es einmal mit einem Fensterbild für das Küchenfenster? Sie können die Schotenfrucht aus einem halben Bogen Tonkarton schneiden, den Sie quer teilen. Dabei brauchen Sie nur den Cutter. Schneiden Sie zuerst die Außenform, und arbeiten Sie sich dann langsam nach innen vor.

Kürbis

Motiv Q

Material
1/2 Bogen Tonkarton in Dunkelgrün

Werkzeug und Hilfsmittel
Cutter, Unterlage

Ausführung
Noch ein Motiv für die Küche, die – was die Dekoration betrifft – oft vernachlässigt wird.
Übertragen Sie das Motiv vom Vorlagenbogen auf einen halben Bogen Tonkarton, den Sie quer geteilt haben. Sämtliche Formen lassen sich gut mit dem Cutter schneiden. Schneiden Sie zuerst die Umrißlinie, dann die Innenformen.

Weihnachten

Tannenkette

Motiv R

Material
1/2 Bogen Tonkarton in Grün (längs geteilt), 1/2 Alu-Karton, beidseitig goldfarben, 250g/qm (längs geteilt) für die Tischdekoration

Werkzeug und Hilfsmittel
Cutter, Unterlage, Lineal, Falzbein, ersatzweise geschlossenes Scherenvorderteil

Ausführung
Wenn Sie diese Tannenkette als Fries ins Fenster kleben möchten, übertragen Sie in der gewünschten Länge das Motiv, welches Sie zur Hälfte auf dem Vorlagenbogen finden, auf den Tonkarton.
Sehr edel sehen die Tannen auch als Dekoration auf der Fensterbank oder auf dem gedeckten Tisch aus. Dazu schneiden Sie die Tannenkette aus Goldkarton und ziehen an den im Vorlagenbogen vorgesehenen Stellen (gepunktete Linien) mit dem Lineal und Falzbein eine Falte. Falten Sie die Tannenkette ziehharmonikaförmig, und stellen Sie sie auf. Wenn Sie in die Winkel Kerzen stellen, spiegeln sich diese vielfach im Goldkarton.

Nikolaus

Motiv S

Material
1 Bogen Tonkarton in Rot, Tonpapier in Grün, Schwarz, Weiß, Rosa, bunte Reste von Tonpapier, Goldpapier

Werkzeug und Hilfsmittel
Schere, Cutter, Unterlage, Klebstoff, Klebestift

Ausführung
Schneiden Sie die Nikolaus-Grundform einmal aus rotem Tonkarton aus. Alle anderen Teile werden aus Tonpapier doppelt geschnitten. Eine Ausnahme bilden die Arme, die – wie die Grundform – ebenfalls aus dem roten Tonkarton gearbeitet werden.
Kleben Sie zuerst die Nase an die Grundform. Nach dem beidseitig aufgeklebten Bart werden diese Teile vom Mützenbesatz, ebenfalls beidseitig, verbunden. Kleben Sie nun den Bommel, die Stiefel und anschließend den Mantelbesatz beidseitig an. Geben Sie dem Nikolaus die beiden Rucksackteile auf den Rücken. Lassen Sie dabei die obere Kante offen, damit Sie das Spielzeug dort einkleben können. Legen Sie Arm und Hand so auf, daß der Nikolaus den Sack in der Hand hat. Verbinden Sie diese beiden Teile mit dem weißen Besatz. Kleben Sie den zweiten Arm deckungsgleich auf. Einige Goldsterne verzieren das Fensterbild.
Wenn Sie die weißen Besatzteile aus Tonpapier schneiden, sollten Sie zum Kleben einen Klebestift verwenden, da der flüssige Klebstoff im weißen Tonpapier leicht durchschlägt. Sie können diese Teile natürlich auch aus Tonkarton kleben.
Der Nikolaus ist in sich so stabil, daß Sie ihn auch, nur an einem Faden befestigt, in der Wohnung aufhängen können, z.B. an der Eingangstür. Führen Sie dafür den Doppelfaden bis oben auf die Türkante, und kleben ihn dort mit einem Streifen Klebeband fest, der durch den Doppelfaden läuft. Damit der Nikolaus sich beim Öffnen der Tür nicht ständig bewegt, befestigen Sie ihn unsichtbar mit einem Kleberöllchen (siehe Kapitel *Das Befestigen am Fenster,* Seite 12) auf der Rückseite an der Tür.

HAND

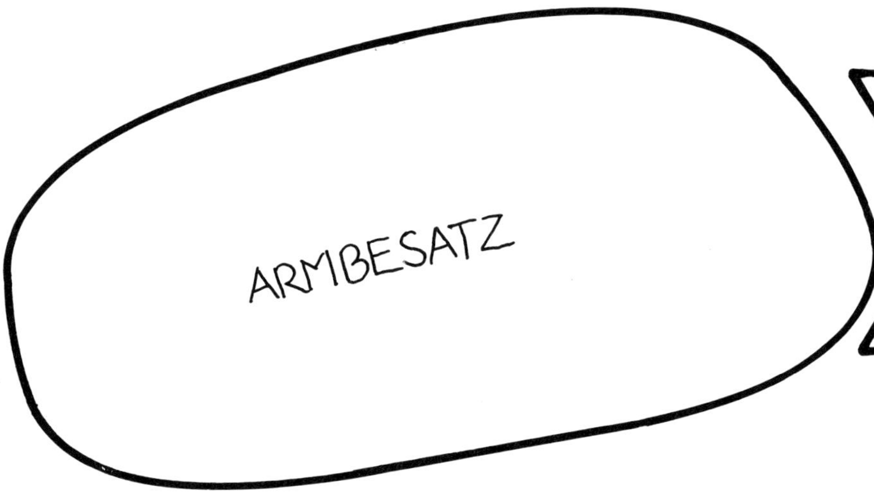
ARMBESATZ

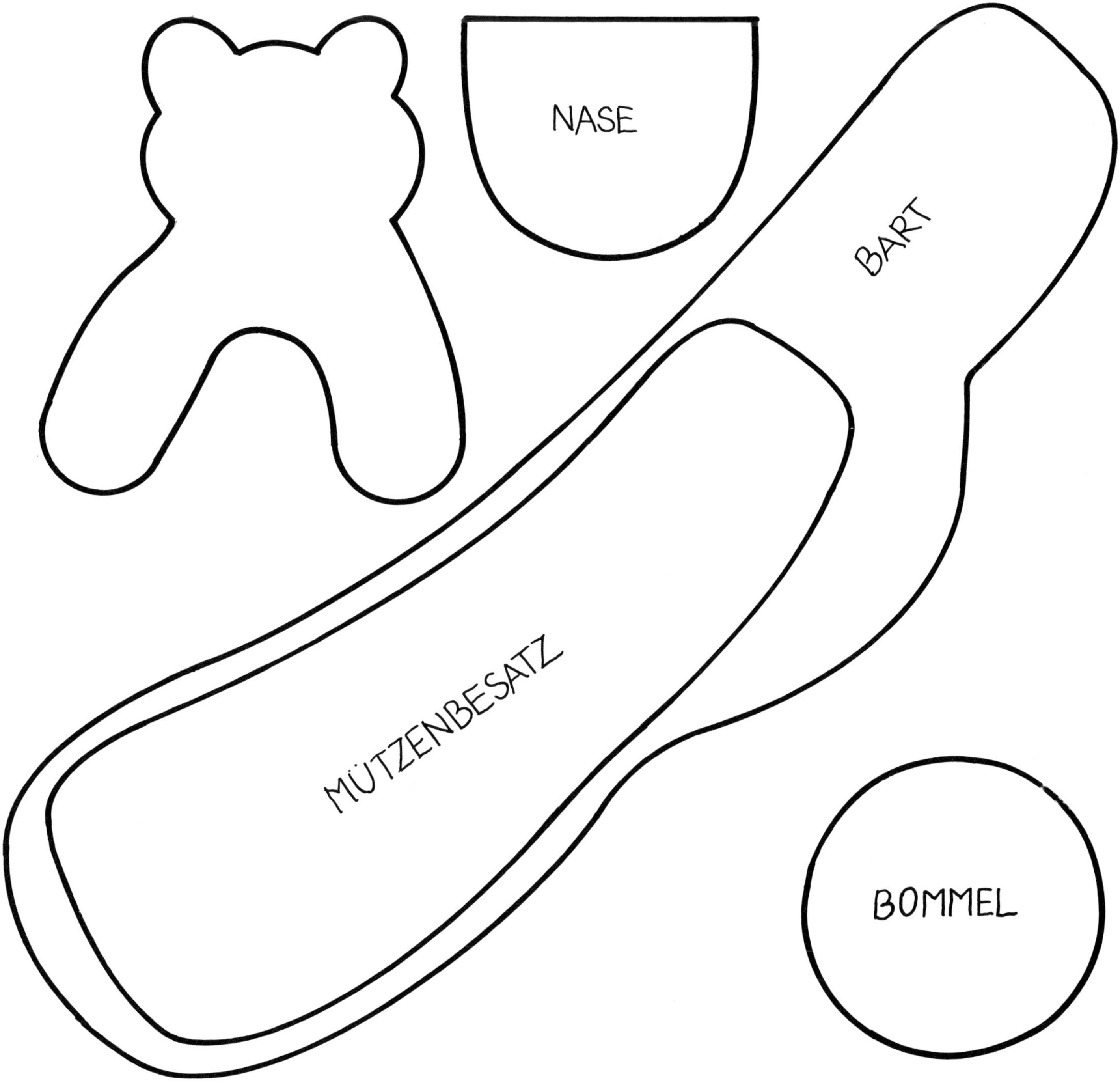
NASE
BART
MÜTZENBESATZ
BOMMEL

Zwei Weihnachtskerzen

Motiv T

Material
1 Bogen Tonkarton in Dunkelgrün

Werkzeug und Hilfsmittel
Cutter, Unterlage, kleine Schere

Ausführung
Übertragen Sie das Motiv vom Vorlagenbogen auf Tonkarton. Bis auf die Spitzen der Tannenzweige können Sie das Fensterbild gut mit dem Cutter schneiden. Für die Tannenspitzen nehmen Sie eine kleine, möglichst gebogene Schere (Nagelhautschere), deren Rundung nützlich ist beim Schneiden der Tannennadeln.

Weihnachtskrippe

Motiv U (auf Vorlagenbogen 1 und 2)

Material
1 Bogen Tonkarton (70 x 100 cm) oder 2 Bogen, zusammengeklebt

Werkzeug und Hilfsmittel
Cutter, Unterlage

Ausführung
Übertragen Sie das Motiv vom Vorlagenbogen auf den Tonkarton in beliebiger Farbe. Die gestreiften Ränder der Klebekante im Vorlagenbogen können Sie weglassen, wenn Sie den Tonkarton im übergroßen Format (70 x 100 cm) bekommen können.
Schneiden Sie die gesamte Form mit dem Cutter aus. Auch die Sterne, die Sie nach Belieben über der Krippe verteilen können, lassen sich mit dem Cutter ausschneiden.
Sollten Sie Sprossenfenster dekorieren wollen, so eignen sich diese Formen auch dazu. Lösen Sie die Einzelteile aus dem gesamten Fensterbild heraus, indem Sie hier und da einige Linien ergänzen. Die so gewonnenen einzelnen Krippenfiguren können Sie jeweils in einem Sprossenfester unterbringen, die in der Gesamtansicht doch wieder die Krippenszene darstellen.

Eva Rüscher ist 1947 in Gummersbach im Oberbergischen geboren. Sie ist ausgebildete Kunst- und Werklehrerin und arbeitet seit fast zwanzig Jahren in diesem Beruf. Sie unterrichtet an der Realschule in Höxter und gibt nebenbei Bastelkurse für Jugendliche und Erwachsene.

Die Deutsche Bibliothek – CIP-Einheitsaufnahme

Tolle riesengroße Fensterbilder: mit Vorlagen in Originalgröße / Eva Rüscher. – 2. Aufl. – Freiburg im Breisgau: Christophorus-Verlag, 1994
(Hobby & Werken)
ISBN 3-419-53525-2

Styling und Fotos: Peter Nielsen, Umkirch
Reinzeichnungen nach Vorlagen der Autorin: Anne Marie Friedel
Umschlaggestaltung: Michael Wiesinger
Reproduktionen: Scan-Studio Hofmann, Gundelfingen
Herstellung: Konkordia Druck GmbH, Bühl / Baden 1994